Inhalt

Kommt die verbrauchsabhängige Kfz-Steuer?

Kernthesen

Beitrag

Fallbeispiele

Weiterführende Literatur

Impressum

Kommt die verbrauchsabhängige Kfz-Steuer?

I.Zeilhofer-Ficker

Kernthesen

- Für 89 Prozent aller Autokäufer ist bereits jetzt die Umweltverträglichkeit der ausschlaggebende Faktor für die Wahl eines Fahrzeugs.
- In den Koalitionsvereinbarungen der Regierungsparteien von 2002 wurde eine "ökologische, aufkommensneutrale Weiterentwicklung" der Kfz-Steuer festgeschrieben.
- Das Umweltbundesamt erarbeitete 2003 ein Arbeitspapier, in dem ein Modell vorgeschlagen wurde, das zur Kfz-

Steuerbemessung den CO_2-Ausstoß eines Fahrzeugs heranzieht.
- Die heutigen Steuerermäßigungen bzw. Freistellungen für besonders schadstoffarme PKWs laufen zum Ende 2005 aus.
- Der Bundesumweltminister will spätestens bis 2005 eine Kfz-Steuerermäßigung für Dieselautos mit Rußpartikelfilter verwirklichen.
- Auch auf europäischer Ebene wird eine EU-weite Kfz-Steuerreform angestrebt, deren Steuersätze auf Abgasemissionen basiert.

Beitrag

Kfz-Steuer nach Abgaswerten undenkbar?

Ein regelrechter Sturm brach über Bundesumweltminister Trittin herein, als Ende Januar 2004 bekannt wurde, dass eine Neuordnung der Kfz-Steuer nach Emissionsausstoß angedacht wird. Die Autofahrer als Melkkühe der Nation wurden wieder einmal zitiert, von "Abzocke" und vom "Abkassiermodell" war die Rede. Dabei schien die

Tagespresse relativ wenig zu interessieren, was die Mehrheit der Bundesbürger über das Thema Auto und Umweltschutz denkt.

Fakt ist, dass 89 Prozent aller Autokäufer die Umweltverträglichkeit, also Kraftstoffverbrauch und Abgasausstoß, als wichtigstes Kaufkriterium bei der Wahl eines fahrbaren Untersatzes angeben. Weitere Kriterien sind Reparatur- und Versicherungskosten, die Kfz-Steuer rangiert hier erst auf den hinteren Plätzen. (1)

Da die Mehrheit aller Autokäufer also sowieso schon auf Spritverbrauch und Abgaswerte achtet, könnte man darauf schließen, dass eine Umstellung der Kfz-Steuerbemessung auf Umweltfaktoren kein großes Problem darstellen sollte. Denn für die umweltbewussten Autobesitzer würden sich kaum höhere Kosten ergeben.

Wirklich zur Kasse gebeten würden allerdings die Wenigen, die voluminöse Geländewagen oder spritfressende Fast-Rennwagen und Nobelmarken kaufen und besitzen. Beinahe verständlich, dass Herr Trittin dazu vor der Presse bemerkte, "sein Mitleid für diese Betroffenen hielte sich in Grenzen".

Kfz-Steuer heute

Schon im Mittelalter musste man Wege- und Brückenzölle entrichten, wenn man eine bestimmte Strecke befahren wollte. Moderner Nachfolger davon ist die heutige Kfz-Steuer, die erstmals in Darmstadt im Jahr 1899 für Motorfahrzeuge als Luxussteuer erhoben wurde. (2)

Schon seit der flächendeckenden Einführung der Luxussteuer auf Autos im Jahr 1906 ist die Berechnungsgrundlage der Hubraum des Fahrzeugs. Seit den 80er Jahren kamen diverse Steuernachlässe und -befreiungen für schadstoffärmere Autos hinzu, um die Verbreitung von umweltfreundlicheren Fahrzeugen zu beschleunigen. (3)

Eine erfolgreiche Aktion: Trotz der 53,7 Millionen zugelassenen Kraftfahrzeuge in Deutschland, die für ein Kfz-Steueraufkommen von 7,6 Milliarden Euro pro Jahr sorgen, konnte der Emissionsausstoß durch Kraftfahrzeuge bei steigenden Zulassungszahlen seit 1998 um 0,5 Prozent gesenkt werden. (4)

Nicht genug, aber, um die vereinbarten Klimaschutzziele von Kyoto zu erreichen. Immerhin verursacht der Straßenverkehr 40 Prozent aller Treibhausgasemissionen in Deutschland und eine

Reduzierung von 1,5 bis 2 Prozent im Vergleich zu 1998 wäre notwendig gewesen. (4)

Es sollte daher für niemanden eine Überraschung sein, wenn verantwortliche Politiker darüber nachdenken, wie die Autofahrer zu umweltverträglicherer Mobilität geführt werden können. Da die aus dem Jahr 1997 stammenden abgesenkten Steuersätze für abgasarme Pkws zum 1. Januar 2004 ausgelaufen sind bzw. für besonders schadstoffarme Autos in 2005 auslaufen werden, böte sich eine Umstellung zum Jahr 2005 eigentlich an. Die unbeabsichtigte, verfrühte Veröffentlichung des Arbeitspapiers zwang das Bundesumweltministerium aber dazu, jegliche Pläne in diese Richtung erst einmal auf Eis zu legen. (5), (6)

Bedingt durch das "Kraftfahrzeugsteuer-Änderungsgesetz" vom April 1997 müssen alle Fahrzeuge seit dem 1. Januar 2004 höhere Kfz-Steuern zahlen, die mindestens der Abgasnorm Euro 2 entsprechen. Im Detail belaufen sich die derzeitigen Steuersätze je angefangene 100 Kubikzentimeter Hubraum auf:

7,36 Euro für Benzinautos der Euro-2-Norm
16,05 Euro für Dieselautos der Euro-2-Norm
6,75 Euro für Benzinautos der Euro-3-Norm
15,44 Euro für Dieselautos der Euro-3-Norm

1,64 Euro für Fahrzeuge der Euro-4-Norm

Dazu gibt es noch bis Ende 2005 bestimmte Steuerbefreiungsmodelle, die für besonders umweltfreundliche Kraftfahrzeuge in Anspruch genommen werden können. Welcher Schadstoffklasse ein Wagen entspricht, ist über die Schlüsselnummer auf dem Kfz-Schein oder -Brief erkennbar. (5), (6)

Warum Änderungen?

Schon in den Koalitionsvereinbarungen vom Oktober 2002 haben die Regierungsparteien festgelegt, dass sie "gemeinsam mit den Ländern an der ökologischen aber aufkommensneutralen Weiterentwicklung der Kfz-Steuer" arbeiten wollen. Auf der Basis dieser Vereinbarung hat das Umweltbundesamt ein Arbeitspapier entwickelt, das die Umstellung der Kfz-Steuerbemessung auf den Kohlendioxidausstoß eines Fahrzeugs zur Grundlage hat. (7), (www.bmu.de)

Denn heutige Katalysator- und Filtertechniken bewirken zwar, dass ein Auto der Abgasnorm Euro-4 meist sauberere Luft aus dem Auspuff bläst, als es vorher in so manchen Großstädten angesaugt hat, der Ausstoß des Treibhausgases Kohlendioxid (CO_2) wird davon aber nicht gebremst. Denn die Menge der

CO_2-Emission ist in erster Linie vom Spritverbrauch abhängig, der zwar über die Mineralölsteuer belastet wird, aber bisher als Kriterium nicht direkt in die Kfz-Steuerberechnung einfließt. (8)

Besonders notwendig scheint eine entsprechende Regelung zu sein, da die Automobilindustrie momentan nicht willens zu sein scheint, ihre Selbstverpflichtung, bis 2008 den Flottenverbrauch auf sechs Liter pro 100 Kilometer zu senken, einzuhalten. Denn für jeden spritsparenden Kleinwagen, der auf den Markt gebracht wird, kommen mindestens zwei neue große, bullige Spritfresser pro Hersteller hinzu. Eine gesetzliche Regelung scheint hier fast unumgänglich.

Wie eine Studie der EU-Umweltkommission errechnet hat, könnte mit einer CO_2-basierten Kfz-Steuer die Kohlendioxid-Belastung durch Personenkraftwagen innerhalb von 8 Jahren um 6 Prozent reduziert werden. Pro Jahr könnten allein dadurch 6,5 Millionen Tonnen an Kohlendioxidemissionen eingespart werden. Ein durchaus bedenkenswerter Ansatz also, wie sogar der ADAC in seiner Stellungnahme zugeben musste. (8), (10), (17)

Der einzig berechtigte Kritikpunkt an dem unbeabsichtigt veröffentlichtem Papier ist wohl die

Tatsache, dass das Modell nicht aufkommensneutral zu sein scheint, dass heißt, man könnte es als versteckte Steuererhöhung auffassen. Deshalb hat Minister Trittin das Papier auch an das Umweltbundesamt zur Überarbeitung zurückgegeben. Auch der genannte Zeitpunkt einer Änderung - schon 2005 - war wohl nicht im Sinne des Ministers, der seine Priorität ganz klar bei der Steuerbefreiung von Dieselfahrzeugen mit Partikelfiltern gesetzt hat. In seiner Stellungnahme betonte Trittin außerdem, dass die Steuerhoheit für die Kfz-Steuer bei den Ländern liege, das Umweltministerium daher nur Diskussionsvorschläge unterbreiten könne. (9)

Kfz-Steuerbefreiung für Dieselfahrzeuge mit Partikelfilter?

Der Bundesumweltminister hat sich mit den Ländern bereits im November letzten Jahres auf Steuererleichterungen für Dieselfahrzeuge mit Rußfilter geeinigt. Da Dieselautos einerseits im Schnitt weniger Kraftstoff verbrauchen und daher auch weniger CO_2 ausstoßen, andererseits die Rußpartikelfilter die Gesundheitsgefahren durch Dieselruß wesentlich verringern, wurde diesem

Steuervorhaben erste Priorität eingeräumt. Schon ab 2005 will man Käufer von Dieselfahrzeugen mit Steuererleichterungen zum Kauf eines Filterautos bewegen. Durch eine Steuerbefreiung für zwei bis drei Jahre könnte sich der Filterpreis - ca. 600 bis 700 Euro - bereits innerhalb von wenigen Jahren amortisieren. (11), (12)

Auch das Nachrüsten von alten Dieselfahrzeugen - immerhin 8 Millionen in Deutschland - soll sich durch die Steuerbefreiung lohnen und zu so zu mehr Umweltschutz beitragen. Die Technik dazu existiert ja schon seit langem und alle namhaften Automobilhersteller haben inzwischen angekündigt, ihre Dieselmodelle serienmäßig oder gegen Aufpreis mit Rußfiltern auszustatten. (12), (13)

Inzwischen versucht man über eine Initiative bei der EU, neue, strengere Dieselruß-Grenzwerte für die geplante Euro-5-Abgasnorm durchzusetzen, die nur noch mit der erhältlichen Filtertechnik erreicht werden können. (9), (11), (www.bmu.de)

Fallbeispiele

Auch ohne verbrauchsabhängige Kfz-Steuer meldet Renault eine Reduzierung ihres Flottenverbrauches seit 1996 um 15 Prozent. Renault ist nun bei einem Flottenverbrauch von 6,4 Liter pro 100 km angelangt, die CO_2 Emissionen betragen 158 g/km. Die Durchschnittswerte aller Importautos liegen dagegen mit 7 Liter Kraftstoffverbrauch auf 100 km und CO_2-Emissionen von 172 g/km wesentlich höher.

Hier einige Beispielrechnungen zur Kfz-Steuer basierend auf dem Arbeitspapier des Umweltbundesamtes:

Automarke/Kraftstoffverbrauch	Steuern heute	Steuern nach CO_2-Ausstoß
Ford Fiesta 1,3 Liter	88 Euro/Jahr	78 Euro/Jahr
Golf 1,4 Liter 75 PS	94 Euro/Jahr	102 Euro/Jahr
Opel Corsa 1,2 Liter	81 Euro/Jahr	84 Euro/Jahr
Porsche Cayenne	310 Euro/Jahr	682 Euro/Jahr (10), (18)

Weiterführende Literatur

(1) Umweltverträglichkeit liegt in der Gunst der Autokäufer vorn - Umfrage: Für 89 Prozent der entscheidende Kaufgrund / Marke und Image

verlieren an Bedeutung
aus AUTOHAUS Online vom 23.01.2004

(2) Biallo, Horst, Wer viel Dreck macht, muss mehr zahlen, Kölner Stadtanzeiger, 21.11.2003
aus AUTOHAUS Online vom 23.01.2004

(3) O. V., KFZ-Steuer, Stuttgarter Zeitung, 28.01.2004, S. 2
aus AUTOHAUS Online vom 23.01.2004

(4) Auch Stolpe meidet jetzt die Klimaschützer Während bald jede deutsche Fabrik ihr eigenes Klimaziel akzeptieren muss, versucht der Verkehrsminister zu mauern
aus taz, 30.01.2004, S. 8

(5) Röstel, Helga, Ab Januar neue Sätze für die Kraftfahrzeugsteuer - Wer muss nächstes Jahr wie viel für sein Auto zahlen? LVZ/Leipziger Volkszeitung, 25.11.2003, S. 8
aus taz, 30.01.2004, S. 8

(6) Schlüsselnummer entscheidet über Kfz-Steuer Tausende von Autofahrern müssen 2004 mehr zahlen/Finanzamt-Mitarbeiter geben Auskunft am Service-Telefon
aus Allgemeine Zeitung vom 24.1.2004

(7) Opitz, Tobias, Kfz-Steuer soll mit Benzinverbrauch steigen, Süddeutsche Zeitung, 27.01.2004, Ausgabe Deutschland, S. 1

aus Allgemeine Zeitung vom 24.1.2004

(8) Roth, Wolfgang, Zocker am Steuer, Süddeutsche Zeitung, 28.01.2004, Ausgabe Deutschland, S. 4
aus Allgemeine Zeitung vom 24.1.2004

(9) Trittin hält Reform der Kfz-Steuer nicht für vordringlich
aus Frankfurter Allgemeine Zeitung, 28.01.2004, Nr. 23, S. 11

(10) Grassmann, Philip / Becker, Joachim, Trittin gibt Steuerfreiheit für Diesel mit Filter Vorrang, Süddeutsche Zeitung, 28.01.2004, Ausgabe Deutschland, S. 6
aus Frankfurter Allgemeine Zeitung, 28.01.2004, Nr. 23, S. 11

(11) O. V., Weniger Steuern für Diesel mit Rußfilter, Kölner Stadtanzeiger, 21.11.2003
aus Frankfurter Allgemeine Zeitung, 28.01.2004, Nr. 23, S. 11

(12) Von Klodt, Michael, AUTO - Stinker entgiftet, FOCUS, 29.12.2003, Ausgabe 01, S. 80
aus Frankfurter Allgemeine Zeitung, 28.01.2004, Nr. 23, S. 11

(13) Raucher oder nicht?
aus AUTOHAUS, Heft 22/2003, S. 64-65

(14) in kürze
aus Frankfurter Rundschau v. 14.01.2004, S.1

(15) Lästige Emissionen aus Brüssel
aus HORIZONT 45 vom 06.11.2003 Seite 017

(16) Konkurrenzlos günstig Wer sich für ein Erdgasauto entscheidet, fährt deutlich billiger als mit Diesel oder Benzin. Biodiesel- und Hybridfahrzeuge können bei der Wirtschaftlichkeit nicht mithalten.
aus Capital vom 22.01.2004, Seite 84

(17) Schmergel, Cornelia / Schneider Michael, Die Melkkühe der Republik, Welt am Sonntag, Jg. 57, 01.02.2004, Nr. 5, S. 26
aus Capital vom 22.01.2004, Seite 84

(18) Trittin lehnt Pläne der eigenen Behörde ab - Förderung von abgasarmen Dieselautos hat Vorrang Reform der Kfz-Steuer gestoppt
aus Berliner Morgenpost, Jg. 106, 28.01.2004, Nr. 27, S. 3

Impressum

Kommt die verbrauchsabhängige Kfz-Steuer?

Bibliografische Information der deutschen Nationalbibliothek

Die Deutsche Nationalbibliothek verzeichnet diese Publikation in der deutschen Nationalbibliografie; detaillierte bibliografische Daten sind im Internet über http://dnb.d-nb.de abrufbar.

ISBN: 978-3-7379-1438-3

© 2015 GBI-Genios Deutsche Wirtschaftsdatenbank GmbH, Freischützstraße 96, 81927 München, www.genios.de

Alle Rechte vorbehalten. Dieses Werk ist einschließlich aller seiner Teile – z.B. Texte, Tabellen und Grafiken - urheberrechtlich geschützt. Jede Verwertung außerhalb der Grenzen des Urheberrechtsgesetzes bedarf der vorherigen Zustimmung des Verlags. Dies gilt insbesondere auch für auszugsweise Nachdrucke, fotomechanische Vervielfältigungen (Fotokopie/Mikroskopie), Übersetzungen, Auswertungen durch Datenbanken oder ähnliche Einrichtungen und die Einspeicherung und Verarbeitung in elektronischen Systemen.